# CRI

## DES HABITANS DE PARIS

POUR LE RÉTABLISSEMENT

## DE LA GARDE NATIONALE.

PARIS. — IMPRIMERIE DE FAIN, RUE RACINE, N° 4,
PLACE DE L'ODÉON.

# CRI

# DES HABITANS DE PARIS

POUR LE RÉTABLISSEMENT

## DE LA GARDE NATIONALE.

**AUX DÉPUTÉS CONSTITUTIONNELS DE 1828.**

PAR L.-H.-A. NOBYS,

ANCIEN OFFICIER DES GARDES NATIONALES DE FRANCE.

PARIS.

CHEZ LES MARCHANDS DE NOUVEAUTÉS.

1828.

# CRI
# DES HABITANS DE PARIS
POUR LE RÉTABLISSEMENT
# DE LA GARDE NATIONALE,
## AUX DEPUTÉS CONSTITUTIONNELS DE 1828.

---

L'ADMINISTRATION, si justement qualifiée déplorable, n'est plus. Malgré ses efforts, malgré l'assistance d'une faction dont elle était ou l'instrument, ou l'appui, mais bien certainement l'auxiliaire dévouée, elle a vu s'échapper de ses mains, aux applaudissemens de la France entière, en quelque sorte émancipée par sa chute, un pouvoir dont, pendant sept années, elle n'avait fait usage qu'en appesantissant progressivement, sur la première nation du monde, le joug honteux de l'arbitraire et de l'absolutisme.

Grâce aux attaques vigoureuses et soutenues de la presse périodique, qui, chaque jour, trouvait à signaler à l'opinion une turpitude de plus, la sagesse royale, éclairée enfin par la manifestation unanime et spontanée de cette même opinion, a exaucé ses vœux, disons mieux, les a sanctionnés en retirant à ses perfides conseillers la portion d'autorité qu'elle leur avait déléguée, et dont ils avaient fait l'abus le plus coupable et le plus odieux.

Mon intention n'est pas de retracer ici les nombreuses fautes d'un ministère à jamais flétri. Ces fautes sont connues de tous; le souvenir en est récent; leurs effets subsistent, et leur condamnation est dans toutes les bouches, à côté des malédictions dues à leurs auteurs.

Ces fautes sont telles, que nul homme de bien, à quelque opinion qu'il appartienne, sous quelque bannière que, dans sa bonne foi, il croie servir les intérêts de son pays, quelles que soient d'ailleurs son indulgence et sa longanimité, ne pourra jamais se défendre d'un sentiment de généreuse indignation, en songeant à l'état d'abaissement et de marasme politique dans lequel des hommes audacieusement pervers ont entraîné un peuple que ses souvenirs de gloire, sa loyauté, ses lumières, et jusqu'au calme qu'il opposait à ses persécuteurs, auraient dû mettre à l'abri des outrages inouïs et multipliés dont ils se sont montrés tellement prodigues envers lui, qu'on peut dire avec vérité que des actes de cette nature ont seuls marqué leur présence au pouvoir.

Parmi tous ces actes, plus ou moins saillans, plus ou moins criminels, celui qui motive les réflexions qui vont suivre, celui qui, à l'instant même où le monarque, satisfaisant au vœu national, a choisi d'autres organes de sa volonté, aurait dû être annulé, et l'aurait pu être si facilement, cet acte pèse pourtant encore de tout son poids sur l'élite des citoyens de la capitale. Je veux parler de l'*incroyable* ordonnance du 30 avril 1827, mesure la plus arbitraire et la moins motivée dont les annales ministérielles de toutes les époques puissent offrir l'exemple; qui, avec le ton brusque et le laconisme que les ministres déchus employaient d'ordinaire avec ceux qu'ils frappaient d'ostracisme, est venue apprendre aux Parisiens stupéfaits que la garde nationale était licenciée. Et dans quel moment! lorsque l'enthousiasme, peut-être unique sous le rapport de l'union franche et sincère avec laquelle quatre cent mille citoyens l'avaient fait la veille éclater, était encore dans toute sa force.

Le pouvoir a changé de mains; et cet acte surpris à la religion du prince, en haine des institutions libérales, et pour venger, a-t-on dit, l'injure personnelle du premier ministre, cet acte subsiste!

Certes, lorsque les ministres actuels ont proclamé vouloir suivre une route plus droite et plus sûre que celle où leurs prédécesseurs s'étaient si imprudemment engagés, lorsque surtout on réfléchit aux motifs présumés du licenciement de la garde nationale, et qu'on jette un coup d'œil rétrograde sur les droits qu'elle s'était acquis à la confiance et à la reconnaissance publique, on a lieu d'être surpris, d'être affligé même, qu'un pareil acte n'ait pas encore été rapporté, qu'une insulte aussi grave et aussi peu méritée ne soit pas réparée, dans ce qu'elle a de réparable du moins; car, qu'on ne s'y trompe pas, cette mesure impopulaire et en même temps impolitique, mise à exécution dans un moment où la garde nationale ne devait s'attendre qu'à des félicitations, et les méritait réellement, a laissé dans tous les esprits une impression bien difficile à effacer entièrement. Elle a refoulé, comme on l'a fort bien dit dans le moment même, jusqu'au fond des cœurs ces sentimens d'amour et de dévouement dont la garde nationale a toujours été animée, et qu'elle avait fait éclater plus vivement encore le jour où, pour la dernière fois, elle s'est montrée plus brillante et plus zélée, s'il est possible, qu'au temps où elle n'avait encore encouru aucune défaveur, et où la jalousie municipale n'avait pas encore songé à la mutiler, pour que, plus tard, il fût plus facile à un pouvoir ridiculement ombrageux de lui porter le dernier coup.

J'ai traité la mesure d'impopulaire et d'impolitique, et il ne me sera pas difficile de prouver que les deux épithètes lui sont, à tous égards, applicables.

Elle était impopulaire, parce qu'on courait le risque d'aliéner, ou tout au moins de refroidir l'attachement des citoyens pour le prince, en lui arrachant une ordonnance de vengeance et de punition contre un corps dont, bien loin d'avoir rien à redouter, il avait au contraire tout à attendre, et qu'on mettait ainsi la défiance à la place de la confiance, l'indifférence et le découragement à la place du zèle et de l'affection. Et, sous ce rapport, combien ne sont-ils pas coupables envers un prince, le meilleur de tous ceux que leur destinée a condamnés à vivre sur un trône, ceux qui l'ont peut-être réduit à gémir d'avoir à se méfier de ses enfans, et à frapper de proscription ceux d'entre eux qui, par des rapports plus fréquens avec lui, avaient été à même de lui donner plus de témoignages d'attachement.

La mesure était impolitique et en même temps attentatoire à l'honneur des habitans de la capitale, en ce qu'elle tendait à les représenter aux yeux du monde, comme des sujets rebelles et factieux contre lesquels l'autorité royale avait dû sévir. En effet, qu'on se rappelle l'impression produite par l'ordonnance du 30 avril, chez les peuples voisins, impression que leurs feuilles n'ont nullement déguisée, on verra, en réfléchissant surtout que l'Europe a continuellement l'attention éveillée sur Paris, parce qu'effectivement Paris doit exercer et exerce une grande influence sur le monde civilisé, on verra, dis-je, qu'il n'en fallait pas davantage pour mettre les cabinets en alarmes et pour motiver de leur part des dispositions, qui, quelque courte qu'ait pu être leur durée, n'eussent pu qu'être nuisibles aux intérêts et à la dignité de la France.

Je passe à des considérations d'un autre ordre, mais non moins importantes.

D'abord, je ne pense pas que personne songe à contester à la couronne le droit de licencier, lorsqu'elle croit devoir le faire, un corps militaire quelconque. Mais ce droit, très-bon sans doute toutes les fois qu'il s'agira de troupes soldées, devrait-il s'étendre à la garde nationale? A cette question, je vois déjà s'agiter un parti qui ne voit ou ne veut voir de bonheur pour les peuples que dans les honteuses entraves du despotisme; mais, dût-il en frémir de rage et me mettre à l'index de tous ses séides, je ne m'en expliquerai pas moins, fort que je suis de la droiture de mes intentions, et de l'espérance que je serai compris par l'immense majorité de ceux qui ne pensent pas qu'au dix-neuvième siècle, et sous le régime d'une constitution achetée par quarante ans de malheurs, on doive gouverner avec des ordonnances de bon plaisir.

Ici, il convient d'examiner jusqu'à quel point la garde nationale peut être rangée dans la catégorie des corps militaires, et soumise aux mêmes règlemens, à la même discipline, à la même action du pouvoir, qu'une politique sage et prévoyante a imposés aux troupes soldées, afin de prévenir, ou d'être à même d'empêcher, soit les effets de l'ambition d'un chef, soit les conséquences qu'auraient les délibérations d'une force, dont l'obéissance passive est, pour les gouvernans, la première garantie de sécurité.

La garde nationale n'est autre chose que la réunion des membres de la grande famille, les plus intéressés au maintien de l'ordre et de la paix intérieure. Pour rendre plus facile et plus régulier le service dont cette portion des citoyens se trouve chargée par la loi, on l'a assujettie à une organisation militaire, à des règles de discipline, à un costume uniforme; jusque-là tout va bien. Mais, parce qu'ils ont, à leurs frais, une tenue régulière et uniforme, parce qu'ils se soumettent à une discipline, dont toutefois je suis loin de contester l'avantage, parce qu'ils consentent à voir des chefs dans leurs égaux, quelquefois même dans leurs inférieurs, cessent-ils pour cela d'être citoyens? S'ensuit-il qu'ils doivent être en tout assimilés aux corps soldés? Parce qu'ils se dévouent aux fatigues d'un service dont le mode et les formes sont étrangers et par conséquent pénibles à la plupart d'entre eux, doivent-ils être privés, dans les occasions où leur organisation les appelle en corps, et où ils paraissent revêtus d'un costume qu'ils ont ennobli, des droits qu'ils auraient individuellement ou réunis sous l'habit dit bourgeois? En un mot, les dix-huit ou vingt mille gardes nationaux, rassemblés le 29 avril 1827, dans le Champ-de-

Mars, seraient-ils plus coupables d'avoir exprimé un vœu (lors même que ce vœu n'eût pas été manifesté par une minorité si faible qu'il est dérisoire qu'il ait servi de prétexte à la proscription du corps entier), que la foule immense de leurs concitoyens qui couvrait les talus et remplissait tout l'espace adjacent? Et dans ce cas devaient-ils être traités militairement?

Il est une considération plus puissante encore: la garde nationale de Paris, ainsi que les autres gardes nationales, existait en vertu de lois, qu'aucune loi ultérieure n'avait abrogées; et bien qu'on ait cru pouvoir, au moyen de simples ordonnances, changer plusieurs de leurs dispositions, ces lois n'en subsistent pas moins dans toute leur force. Car, jusqu'à ce jour, les ordonnances n'ont point prévalu sur les lois, et je pense qu'il serait difficile de nous façonner à un pareil mode de législation. Cependant, c'est par une ordonnance non motivée, sans aucun préambule, qu'un ministère d'exécrable mémoire a osé détruire un corps qui, ne devant son existence qu'à une loi, ne pouvait la perdre que par une autre loi.

Mais, me dira-t-on, peut-être, la garde nationale n'est point détruite, elle n'a été que licenciée. Je répondrai à cela, que le licenciement d'un corps suppose une réorganisation future de ce corps, et qu'il ne paraît pas qu'en licenciant la garde nationale, le gouvernement ait eu l'intention de la réorganiser; car, si telle eût été sa volonté, il est probable qu'il l'eût fait avant le 12 avril, afin de ne pas se trouver en contradiction avec l'esprit et la lettre des ordonnances du 5 août 1814, et du 30 janvier 1825. Tant que les ministres qui l'avaient proscrite sont restés au pouvoir, on ne s'attendait pas à cette réparation; mais quand, à son arrivée, le nouveau ministère a paru ne pas vouloir suivre les erremens de ses devanciers, on a cru généralement qu'un de ses premiers actes, serait le rétablissement de la garde nationale. Sur ce point, comme sur beaucoup d'autres, nous savons actuellement combien étaient fondées nos espérances.

Au surplus, qu'est-ce que le licenciement d'un corps dont tous les élémens, séparés en apparence, mais non dispersés, restent réellement unis par des relations habituelles et journalières, par la conformité des intérêts, des opinions, des besoins, par un lien cimenté par quatorze ans de fraternité, et resserré par le ressentiment de l'outrage commun? Je conçois fort bien qu'une portion quelconque de l'armée, que l'armée même tout entière puisse être licenciée sans aucun danger : les individus qui la composaient, et qui n'avaient en quelque sorte qu'une homogénéité d'habitude, disséminés à l'instant sur cent points différens, cessent d'avoir entre eux tout rapport direct, et si, dans l'esprit de quelques-uns, il pouvait y avoir quelque velléité de récrimination, le défaut de concert en empêcherait l'effet.

Il eût pu n'en être pas ainsi lorsque la garde nationale s'est vu arracher, par une ordonnance intempestive et quelque peu orientale, avec le droit de veiller à sa propre sûreté, les honorables priviléges qu'elle tenait de la munificence éclairée du roi législateur, qui lui avaient été conservés par son successeur, et qui étaient la juste récompense d'une conduite jugée digne d'être prise pour modèle par toutes les gardes nationales du royaume.

Mais, dans cette grave circonstance, la garde nationale de Paris s'est montrée fidèle à elle-même; elle a dévoré en silence un affront qu'elle eût pu faire chèrement payer aux imprudens qui avaient osé s'en rendre coupables; elle a senti que le calme du lion convenait mieux à sa dignité et à la bassesse de ses ennemis. C'était en même temps la meilleure manière de repousser la calomnie et de prouver qu'elle ne devait inspirer aucune espèce de crainte.

Et quelle crainte, en effet, pouvait-on avoir sur ses intentions à l'époque du licenciement, plus qu'à toute autre époque? Sa conduite passée n'était-elle pas une garantie assez solide de sa conduite à venir?

Qu'a-t-elle fait autre chose dans tous les temps que veiller à la sûreté et la tranquillité publique avec un zèle, un dévouement, un calme dignes des plus grands éloges? Combien de troubles n'a-t-elle pas assoupis dès leur naissance? Combien de malheurs n'a-t-elle prévenus par son sang-froid et sa modération? A-t-elle jamais reculé devant aucun service, quelque pénible, quelque fatigant, quelque dangereux même qu'il pût être?

N'est-ce pas à elle, à sa sage et généreuse intervention, à son impartialité, qu'est dû cet ordre admirable, et sans doute unique dans l'histoire, qui, dans ces momens de deuil pour la patrie, où la capitale subissait le joug des armes étrangères menaçant insolemment jusqu'au palais de nos rois, n'a cessé de régner, malgré l'impatience causée par la présence des troupes alliées?

Ne l'avait-on pas vue, quelques jours auparavant, rivaliser de courage et de patriotisme avec les nobles et glorieux débris de ces immortelles phalanges, tant de fois victorieuses de l'Europe entière, et prouver ainsi qu'elle savait s'associer à plus d'un genre de gloire?

Et voilà le corps qui, pour prix de tant de dévouement, a vu tomber sur lui les fureurs ministérielles? Voilà le corps aux services duquel on a bénévolement renoncé, lorsqu'au moyen de sa conservation, peut-être, on eût pu être dispensé de demander à la nation de nouveaux subsides, comme nous le voyons aujourd'hui.

Ah! certes, aux yeux de quiconque raisonnera avec franchise et sans prévention, de pareils titres à la confiance étaient bien faits pour épargner à la garde nationale jusqu'à l'ombre du soupçon, et personne au monde n'aurait pensé que la politique méticuleuse des ex-ministres dût s'étendre jusqu'à elle.

Je viens de rappeler en peu de mots les garanties données par la garde nationale, soit qu'elle agît seulement à l'intérieur comme force répressive et préservatrice; soit qu'elle fût appelée à courir au dehors les chances périlleuses de la guerre. Je demanderai maintenant à ses détracteurs en quoi, sous le rapport de l'attachement au roi et à la dynastie régnante, elle a pu démériter depuis quatorze ans? Ici, il est bien évidemment impossible de répondre autrement que par une fin de non-recevoir ou par la calomnie, à moins que les preuves multipliées, constantes, incontestables qu'elle a données tant de fois de l'amour sincère et désintéressé qu'elle portait à nos princes légitimes, ne soient devenues tout-à-coup criminelles aux yeux d'hommes qui avaient l'audace de s'identifier avec le chef de l'état, et qui, dans leur inconcevable délire, ont bien pu être jaloux des hommages et des acclamations dont il était l'objet.

Quelqu'impossible qu'il soit de répondre à mon interpellation, jetons néanmoins un coup d'œil sur ces scènes déjà loin de nous, véritables fêtes de famille, où quarante mille citoyens en armes, environnant le monarque de leur respect et de leur amour et lui faisant oublier les peines de l'exil, offraient un spectacle que les peuples étrangers enviaient sans doute à la France et qui était pour tous un gage assuré de concorde et de paix.

Je n'essaierai pas de décrire cette immortelle journée du 12 avril 1814, dont on a dit avec raison qu'elle fournissait une des plus belles pages de notre histoire [1], et qui était le prélude de cette autre journée du 3 mai, que la France a saluée comme l'époque de sa renaissance à la liberté et au bonheur. Personne n'ignore que la garde nationale de Paris, dans ces deux journées comme dans tant d'autres chères aux amis de la royauté, a joué un des premiers rôles et en a fait le plus bel ornement; et tout ce que je pourrais dire des transports d'allégresse qu'elle y a fait éclater, de son empressement à jouir de la présence de Louis XVIII et de son auguste précurseur, de son zèle pour le service de leurs personnes et la défense de leurs intérêts, serait infiniment au-dessous de la réalité.

Mais les sentimens qui l'animaient le 12 avril, le 3 mai, le 8 juillet, etc., ne l'ont-ils pas constamment animée depuis? Jusqu'au 29 avril 1827, époque de sa catastrophe, et ce jour-là même, est-il possible de trouver un seul fait qui ait pu faire appréhender de sa part un changement de principes?

Étaient-ils donc séditieux, ceux qui dans toute occasion ont donné à leurs princes des témoigna-

[1] *Moniteur* du 13 avril 1814.

ges d'amour, que n'a pu oublier celui qu'ils saluaient avec orgueil du titre de colonel-général?

Étaient-ils séditieux, ceux qui affrontaient des dangers certains, qui bravaient les sabres des gendarmes (car ces sabres-là se trouvent partout et toujours menaçans), pour arriver plus tôt aux pieds du souverain dont le départ avait fait couler leurs larmes dans la nuit fatale du 19 au 20 mars?

Étaient-ils séditieux, ceux qui avaient mérité qu'une décoration particulière, rappelant par la devise *dévouement, fidélité,* et par les dates 3 *mai* 1814, 8 *juillet* 1815, la part qu'ils avaient eue à la restauration, fût instituée en leur faveur?

Étaient-ils séditieux, ceux auxquels des ordonnances royales, conçues dans les termes les moins équivoques et les plus flatteurs, conféraient ou conservaient l'honorable prérogative de veiller seule, le jour anniversaire de la rentrée du roi dans la capitale, autour de sa personne sacrée et de son auguste famille?

Mais non; une secte impie, ambitieuse, perturbatrice, une secte réprouvée par nos lois s'est glissée parmi nous à la faveur de la faiblesse et d'une confiance trop aveugle. A force d'astuce et d'audace, elle s'est avancée jusqu'aux avenues du pouvoir, au moment opportun, elle s'en est saisie. Pendant six ans, sa main de fer a opprimé la France; et quand la garde nationale de Paris a fait entendre le 29 avril, au milieu des cris unanimes de vive le roi, quelques vœux qui n'étaient que l'écho des vœux retentissant sur tous les points du royaume contre cette secte abhorrée, à l'instant elle s'est vue frapper de mort!

Ainsi, parce que du milieu des rangs de cette garde fidèle, est parti un cri qui répondait au sentiment général, depuis long-temps manifesté avec assez de publicité et de force pour qu'il ne fût plus possible de le révoquer en doute; parce que ce cri, perdu parmi les innombrables et libres acclamations, expression de la reconnaissance universelle pour le retrait d'une loi qui n'avait pu trouver d'apologiste que dans son auteur, joignait à cette expression celle du désir de l'affranchissement d'un joug devenu trop pesant pour des forces dont on avait indignement abusé, et pour une patience poussée à bout, un coup, qu'ils croyaient peut-être décisif, a été jugé nécessaire par de soi-disant hommes d'état, et la première garde nationale du royaume a été sacrifiée, par un trait de plume, à leur machiavélisme et à leur amour-propre blessé.

Mais qu'elle ne s'en croie pas moins respectable: les souvenirs et les regrets qu'elle a laissés, lui ont prouvé que, si elle portait ombrage à un parti haineux, vindicatif, anti-national, mais heureusement peu nombreux, elle avait pour elle tout ce qu'il y a en France d'hommes justes, d'hommes éclairés, d'hommes sincèrement attachés au trône et aux libertés publiques.

Dans cette disgrâce imméritée, sans doute, sa

peine la plus vive est de ne pouvoir plus concourir au repos et à la splendeur de la capitale, d'avoir été un instant jugée indigne d'être une des premières sauvegardes de la sûreté personnelle du monarque; et si, suivant à la lettre le dogme consacré pour elle, par l'usage seul de l'obéissance passive, elle n'a fait entendre aucun murmure, c'est que, tout en respectant la volonté du roi, elle était persuadée que l'ordre qui l'exprimait n'était pas dicté par son cœur; c'est qu'elle n'oubliait pas les liens qui l'attachaient plus spécialement qu'aucune autre par sa position, à un prince qui autrefois avait paru flatté d'être investi du commandement supérieur de toutes les gardes nationales de France; c'est qu'elle se rappelait de même qu'elle n'avait reçu de lui, en toute occasion, que des témoignages de satisfaction, des marques de bonté, qui étaient pour elle d'un prix inestimable, et qu'elle n'imaginait pas que ces liens qu'elle chérissait eussent pu être rompus tout à coup et définitivement par les ennemis communs des trônes et des peuples.

Mais ce n'est point assez; l'injure qu'elle a soufferte exige une réparation : tout le monde la désire; elle-même l'attend et l'implore de la couronne, sous les auspices des députés de la nation. Que le roi lui rende la vie et l'honneur; au moindre signal on la verra se ranger, avec autant d'empressement qu'autrefois, autour de ces drapeaux dont elle a été si indignement séparée, et dont elle voit, avec douleur, la garde confiée peut-être à des mains mercenaires.

Cette attente, ce désir général seraient-ils trompés? Je ne puis le penser; car il est unanimement reconnu que le rétablissement de la garde nationale de Paris est un acte juste, nécessaire, indispensable; un acte digne du prince qui l'a toujours honorée d'une affection particulière, un acte réclamé par l'ordre public, par le sentiment des convenances, et bien plus, par la crainte de voir se renouveler les scènes déplorables qui récemment ont porté le deuil au sein de plusieurs familles, et qui vraisemblablement n'auraient pas eu lieu si la garde nationale eût existé.

Je sais qu'au milieu de l'unanimité avec laquelle on sent la nécessité de son rétablissement, les opinions sont divisées quant au mode à suivre. Les uns s'effraient à l'idée d'une organisation qui laisserait à la garde nationale le choix de ses chefs, et qualifient d'avance une telle mesure de révolutionnaire; les autres, et c'est le plus grand nombre, ne voient dans une garde dite nationale, dont les officiers seraient à la nomination exclusive de l'autorité, qu'une sorte de garde prétorienne, pouvant favoriser au besoin ses empiètemens.

N'y aurait-il pas un moyen de concilier ces opinions, malgré leur divergence?

A l'influence du pouvoir, toujours puissante quelles que soient les concessions auxquelles il veut bien consentir, dans les cas où il se trouve en rap-

port direct avec le peuple, et surtout dans ceux où celui-ci est appelé à élire à des emplois ou fonctions quelconque, aux erreurs qui peuvent résulter du défaut d'accord qui caractérise presque toujours les grandes réunions populaires, et qui peuvent par conséquent dicter des choix dangereux, le frein naturel, le frein regardé comme le meilleur à opposer, est la formation d'une liste de candidats parmi lesquels l'autorité choisit le sujet qu'elle juge le plus convenable.

Je n'entends pas ici parler d'une liste de candidats dressée par ses agens, ainsi que cela se pratiquait, ou au moins que cela devait se pratiquer aux termes de l'art. II de l'ordonnance du 11 décembre 1816. Une telle candidature est illusoire; elle n'est qu'un moyen de dissimuler l'action directe du pouvoir sur les choix dont il s'agit.

Mais une véritable candidature, résultat de votes librement émis dans des réunions électorales formées par arrondissement, par quartier, même par territoire de compagnie, ne pourrait-elle pas trancher la difficulté?

Que dans ces réunions, d'après le résultat du scrutin, des listes de trois, de cinq, de sept candidats, s'il le faut, soient dressées pour chaque emploi d'officier de tout grade, sans excepter les officiers-généraux; car je pense que plus grande est l'importance de l'emploi, plus on doit tenir à l'honneur d'en être investi par la confiance de ses concitoyens d'accord avec la volonté royale.

Du reste, je ne discuterai ni les avantages, ni les inconvéniens de la candidature. Je la propose comme moyen de conciliation; j'en laisse le jugement à ceux qui voudront bien donner quelques instans à la lecture de cet écrit.

Il est un autre point dont je crois devoir dire ici quelques mots, puisque je viens de parler de l'organisation et qu'il s'y rattache particulièrement, et parce que je serai amené, par là, à expliquer les termes de *jalousie municipale* dont je me suis servi plus haut. Je veux parler de l'état-major général, dont, depuis long-temps, la préfecture désirait la suppression, afin de réunir à ses autres attributions la direction du service de la garde nationale, et de faire, disait-on, des économies sur le budget qui était affecté à ce service.

Ces prétentions de l'autorité municipale, qui, dans le temps, ont été l'objet de débats dans lesquels la cause de l'état-major général a été plaidée avec zèle et talent par plusieurs de ses membres, ne peuvent paraître fondées à personne; car personne n'imaginera qu'un corps de vingt mille hommes, et qui peut, dans les circonstances, être porté à trente, à quarante mille, puisse, dès l'instant qu'il est organisé militairement, exister sans un état-major général, et voir son service réglé et dirigé exclusivement par une administration étrangère, sous les principaux rapports, à son essence.

Il y avait donc jalousie, ambition, comme on

voudra, de la part de la préfecture de la Seine; et quoiqu'elle n'ait pu alors atteindre entièrement son but, elle n'en est pas moins parvenue à obtenir la suppression de la moitié du personnel administratif de l'état-major général, celle des majors, et la réduction de la force des légions à deux bataillons au lieu de quatre.

Voilà ce qui m'a fait dire que la garde nationale de Paris avait d'abord été mutilée, afin d'être livrée plus tard, moins forte, aux fureurs d'un parti éminemment destructeur, qui n'eût jamais peut-être osé la frapper, si l'administration municipale, soit par les motifs que je viens d'exposer, soit en se prêtant avec une complaisance répréhensible à son affaiblissement et à sa déconsidération, n'avait pas préparé ce résultat.

Députés de la France, Paris redemande au Roi, par votre organe, cette garde courageuse qui, aux jours du danger, a glorieusement versé son sang pour l'indépendance de ses foyers; cette garde fidèle qui a volé avec tant d'empressement au-devant des fils de saint Louis; cette garde qui s'est fait admirer même par ceux qu'elle avait combattus; cette garde à laquelle nous avons dû des jours de paix que n'ont jamais troublés des malheurs tels que ceux qui ont signalé les journées des 19 et 20 novembre.

La société, encore alarmée au souvenir de ces funestes journées, la réclame comme sa sauvegarde naturelle, et comme une garantie contre le retour de semblables désastres.

Elle la réclame, parce que, quelque tardive que puisse être la réparation d'une grande injustice, avec un peuple loyal et sans fiel, cette réparation est toujours opportune.

Elle la réclame, parce qu'il est dur, avilissant pour elle, de ne plus se voir représenter, dans les grandes solennités civiques, par ceux de ses membres que les ordonnances successives de deux rois y appelaient, et spécialement dans les cas où ils y assistaient eux-mêmes en personne.

Elle la réclame, parce que la religion elle-même est intéressée à son rétablissement, parce que la religion gémit de voir ses pompes sacrées souvent environnées d'armes souillées du sang des citoyens.

Elle la réclame enfin, parce qu'elle brûle de voir se rétablir, avec un monarque chéri, l'accord que leurs ennemis communs ont si brutalement rompu, mais qu'elle n'a jamais cru devoir l'être éternellement.

Députés de la France, vous ne serez point sourds à sa voix; vous accepterez l'honorable mission qui vous est offerte; vous aiderez, autant que pourront vous le permettre les droits que vous tenez de la Charte constitutionnelle, la garde nationale de Paris à reprendre, parmi les gardes nationales de France, le rang qu'elle y a constamment occupé avec honneur; vous parviendrez à briser les ignobles barrières que la fraude et la vengeance ont élevées entre le monarque et elle; vous acquerrez ainsi un titre de plus à la confiance et à la reconnaissance générales.



FIN.

www.ingramcontent.com/pod-product-compliance
Ingram Content Group UK Ltd.
Pitfield, Milton Keynes, MK11 3LW, UK
UKHW020538230726
13925UKWH00006B/2350